# *L'intelligence Artificielle*

Les enjeux d'aujourd'hui et de demain

## Table des matières

Tous les mots suivis d'un astérisque sont expliqués dans le glossaire page 103.

# I. Introduction à l'IA

## 1. Définition de l'IA

Avant de commencer, il faut savoir que l'intelligence artificielle (IA) est un domaine informatique qui vise à créer des machines capables de réaliser des tâches qui nécessitent normalement une intelligence plutôt humaine. Cela peut inclure des activités comme la reconnaissance de la parole (voix) et du langage, la traduction, la résolution de problèmes complexes, la prise de décision et l'apprentissage de langues étrangères, langues de programmation ...etc.

L'IA se base donc sur plusieurs techniques et approches pour atteindre cet objectif. L'apprentissage automatique*, par exemple, consiste à utiliser des algorithmes* et des données pour que la machine puisse apprendre et s'améliorer sans être explicitement programmée par un humain. La robotique, quant à elle, vise à créer et à mettre en place des robots capables de percevoir et d'agir dans leur environnement de manière autonome. La compréhension du langage naturel, enfin, consiste à faire en sorte que les machines puissent comprendre et répondre à des phrases et des questions écrites ou parlées de manière humaine. Fascinant, n'est-ce pas ?

Les applications de l'IA sont nombreuses et couvrent de nombreux domaines depuis quelques années déjà, allant de la reconnaissance vocale et de la conduite autonome à l'analyse de données et à la santé et ses applications pratiques à l'hôpital ou auprès du diagnostic. L'IA est également utilisée dans les jeux vidéo, le marketing, la finance, l'agriculture, l'énergie et l'environnement, entre autres. Le saviez-vous ?

L'IA peut être classée en plusieurs types, selon son degré de capacité à remplacer l'intelligence humaine. Ainsi, on parle dans le domaine d'intelligence artificielle, d'IA faible (ou "narrow" ou "weak") lorsque la machine est capable de réaliser une tâche précise de manière autonome, mais ne peut pas s'adapter à de nouvelles situations ou tâches. On parle en revanche dans beaucoup d'applications, d'IA forte (ou "general" ou "strong") lorsque la machine est capable de s'adapter à de nouvelles situations et tâches et de remplacer l'intelligence humaine dans de nombreux domaines. Découvrons un peu l'histoire derrière les IA, et comment la création des systèmes IA a débuté.

## 2. Histoire et débuts de l'IA

Avez-vous une idée des débuts de l'Intelligence Artificielle ? L'idée de créer des machines capables d'imiter l'intelligence humaine remonte à l'Antiquité. Étonnant n'est-ce pas ? Dans la mythologie grecque, par exemple, Pygmalion a créé une statue de femme qui apparemment a fini par prendre vie. Dans la littérature, des personnages comme le chevalier de la machine de Jacques de Vaucanson ou Frankenstein de Mary Shelley explorent également cette idée d'une intelligence surhumaine habitant un corps ou un objet.

Cependant, c'est seulement au XXème siècle que l'IA a véritablement commencé à être étudiée et développée en tant que domaine de l'informatique. En 1950 déjà, le mathématicien Alan Turing a publié un article intitulé "Computing Machinery and Intelligence - Machines informatiques et intelligence" dans lequel il posait la question de savoir si les machines pourraient un jour être considérées comme intelligentes. Cet article est considéré comme le point de départ de l'IA moderne que nous connaissons aujourd'hui.

Ensuite dans les années 1950 et 1960, de nombreux progrès furent réalisés dans les domaines de la reconnaissance de la parole et du langage, de la traduction et de la résolution de problèmes. Des experts en systèmes d'information ont également développé des modèles intéressants à l'époque, qui permettaient aux machines de prendre des décisions en se basant sur des règles préétablies.

Dans les années 1980 et 1990, l'apprentissage automatique apparaît et permet aux machines de s'améliorer sans être explicitement programmées. Les progrès de la robotique et de la compréhension du langage naturel ont permis également de développer des applications plus complexes que nous exploitons de nos jours dans de nombreux domaines comme l'automobile, les télécommunications ou le développement de programmes informatiques.

Aujourd'hui, l'IA est un domaine en constante évolution et de nombreux progrès sont attendus dans les prochaines années. Vous n'allez pas craindre la disparition de cette révolution qui a mis en place de nombreuses applications intelligentes, et qui ne cessera de se développer dans les siècles à venir.

L'IA est utilisée, comme vous le savez sans doute, dans de nombreux domaines, allant de la reconnaissance vocale et de la conduite autonome à l'analyse de données et à la santé. Cependant, l'IA soulève également de nombreux enjeux éthiques, sociaux et économiques qui méritent d'être discutés et résolus de manière responsable. La progression rapide de l'IA et ses applications, nous laisse parfois sans mots dans l'attente de régulations, de décrets et de règles de conduite qui faciliteront l'exploitation et l'utilisation de ces outils surpuissants.

# 3. Les différentes formes d'IA

Savez-vous que l'IA possède différentes formes ? L'intelligence artificielle (IA) peut prendre plusieurs formes et s'appliquer à de nombreux domaines et applications que vous ne connaissez probablement pas. On peut classer les différentes formes d'IA selon plusieurs critères, comme leur degré de capacité à remplacer l'intelligence humaine ou leur domaine d'application. Certains arrivent à classer les IA selon la complexité de leur programmation, ou la complexité pour les comprendre, et pour maîtriser leurs fonctionnements.

Selon leur domaine d'application, on peut également distinguer différentes formes d'IA suivantes :

L'IA de perception : cette première forme d'IA permet aux machines de percevoir leur environnement grâce à des capteurs (caméras, microphones, etc.) et de réaliser des actions en conséquence. Ce type est par exemple utilisé dans la reconnaissance de la parole et de l'image, la robotique ou la conduite autonome.

L'IA de raisonnement : cette forme très développée d'IA permet aux machines de prendre des décisions en se basant sur des données et des règles préétablies. Elle est utilisée dans les systèmes souvent pilotés par des experts de leurs domaines, qui permettent aux machines de donner des conseils ou de prendre des décisions dans un domaine précis (médecine, finance, etc.).

L'IA de traitement de langage naturel (que vous utilisez probablement depuis des années maintenant) : cette forme d'IA permet aux machines de comprendre et de répondre à des phrases et des questions écrites ou parlées de manière humaine. Elle est utilisée dans les assistants vocaux ou les chatbots*. Vous avez sûrement croisé une IA de ce genre comme répondeur d'un chat d'une page Facebook ou d'un site web.

L'IA d'apprentissage automatique : cette forme d'IA permet aux machines de s'améliorer et de s'adapter sans être explicitement programmées. Elle est utilisée dans de nombreux domaines, comme la reconnaissance de la parole et de l'image, la traduction ou l'analyse de données. Cette IA est par exemple impliquée de manière approfondie pour la mise en place de l'outil GPT (ChatGPT) que vous avez sans doute déjà exploré ou utilisé.

# II. Les applications de l'IA dans notre vie de tous les jours

## 1. La reconnaissance vocale

La reconnaissance vocale est l'un des domaines de l'IA qui a connu le plus de progrès ces dernières années et qui est le plus visible dans notre vie quotidienne. Vous avez sans doute vous-même déjà utilisé une fonctionnalité qui appelle ce type de AI. La reconnaissance vocale permet aux machines de comprendre et de transcrire ce que nous disons à l'aide de nos voix.

Les applications de la reconnaissance vocale sont nombreuses et variées. Cette reconnaissance est quasiment partout dans nos applications, nos smartphones et même nos systèmes d'exploitation. Elle est utilisée dans les assistants vocaux, comme Siri d'Apple ou Alexia d'Amazon, qui peuvent répondre à des questions ou exécuter des commandes vocales si nous activons cette fonction pour le GPS, le réveil...etc. L'IA est également utilisée dans les systèmes de navigation automobile, qui peuvent comprendre et exécuter des commandes vocales pour changer de destination ou lancer une application. Ainsi, vous pouvez vous concentrer sur votre conduite, et la sécurité de la route en face de vos yeux.

La reconnaissance vocale est également utilisée dans les applications de traduction, qui permettent de traduire en temps réel ce que quelqu'un dit dans une langue étrangère. Nous la retrouvons également utilisée dans les systèmes de dictée, qui permettent de transcrire automatiquement ce qui se dit en texte écrit. Pratique n'est-ce pas ?

Ce type de IA nécessite par ailleurs l'utilisation de modèles de langage, qui sont des programmes informatiques qui analysent le langage humain et qui sont entraînés sur de grandes quantités de données de parole. Ces modèles sont capables de reconnaître les mots et les phrases qui sont dits et de les transcrire en texte écrit peu importe votre accent ou votre dialecte.

La reconnaissance vocale présente de nombreux avantages, comme la rapidité et la simplicité d'utilisation. Elle peut également être utile pour les personnes qui rencontrent des difficultés à utiliser leur main ou leur vue dans la vie de tous les jours.

Cependant, cette technologie présente également des limites, comme la difficulté à comprendre certains accents ou dialectes et la nécessité de disposer d'un micro de qualité pour une utilisation optimale. Il est parfois difficile d'exploiter ces fonctionnalités dans un environnement bruyant.

## 2. La conduite autonome

La conduite autonome est l'un des domaines de l'IA qui suscite le plus d'intérêt et de controverses aujourd'hui. Ce domaine consiste à développer des véhicules capables de se déplacer sans intervention humaine, en utilisant des capteurs et des algorithmes pour percevoir leur environnement et prendre des décisions en conséquence. Quelques années plus tôt, cette idée était encore inconcevable par l'humain.

Les véhicules autonomes peuvent également être classés selon leur degré de conduite autonome.

On parle de véhicules à conduite assistée lorsqu'ils nécessitent la présence d'un conducteur humain et que celui-ci doit être en mesure de reprendre le contrôle en cas de besoin.

En ce qui concerne les véhicules à conduite semi-autonome, nous disons qu'on véhicule est semi-autonome lorsqu'il est capable de s'occuper de certaines tâches de conduite, comme maintenir une vitesse constante ou changer de voie, mais nécessitent toujours la présence d'un conducteur humain pour surveiller son environnement et prendre des décisions en cas de besoin.

Enfin, on parle de véhicules à conduite autonome lorsqu'ils sont capables de s'occuper de toutes les tâches de conduite et de prendre des décisions en cas de besoin sans intervention humaine. Connaissez-vous un modèle de voiture à conduite autonome ?

La conduite autonome présente de nombreux avantages potentiels, permettant de réduire les accidents de la route, une amélioration de la circulation et une réduction de la pollution. Cependant, elle soulève également de nombreux enjeux éthiques, comme par exemple le choix de la personne sera tenu responsable en cas d'accident ou comment gérer les situations où une décision doit être prise entre plusieurs options, chacune entraînant des conséquences potentiellement graves.

# 3. Analyse de données et IA

L'analyse de données est l'un des domaines de l'IA qui permet de tirer des informations et des conclusions exploitables* à partir de grands ensembles de données. Elle peut être utilisée dans de nombreux domaines, comme la publicité, la finance, la santé ou encore les réseaux sociaux et les algorithmes que vous connaissez sans doute à l'exemple de YouTube.

Cette IA peut se faire de manière descriptive, en résumant et en visualisant les données de manière à mieux les comprendre, ou de manière prédictive, en utilisant des modèles de machine learning* pour prédire l'avenir à partir des données passées.

Comment fonctionne l'analyse des données ? L'analyse de données nécessite l'utilisation de technologies et d'outils spécifiques, comme les bases de données, les langages de programmation ou les logiciels de visualisation de données. Elle peut également nécessiter des compétences en statistiques ou en mathématiques pour traiter et analyser les données de manière adéquate.

Une IA d'analyse de données présente de nombreux avantages, comme la possibilité de prendre des décisions approuvées en se basant sur des données et d'optimiser les processus en identifiant les bottlenecks* ou en détectant les anomalies. Cependant, elle soulève également de nombreux enjeux éthiques, comme la protection de la vie privée ou la responsabilité en cas d'erreur dans l'analyse des données.

## 4. Les jeux vidéo et l'IA

Les jeux vidéo sont l'un des domaines de l'IA qui ont connu le plus de progrès ces dernières années et qui ont le plus poussé les limites de ce qu'est capable de faire l'IA. Les jeux vidéo sont des programmes informatiques qui permettent à des joueurs de s'amuser et de se divertir en interagissant avec une machine à l'aide d'un écran et d'un contrôleur.

Les producteurs de jeux vidéo utilisent l'IA de manière variée et complexe. Ils peuvent utiliser l'IA de perception pour créer des environnements de jeu immersifs et réalistes, en utilisant des techniques de rendering* et de ray tracing* pour afficher des images de haute qualité. Ils peuvent également utiliser l'IA de raisonnement pour créer des personnages non-joueurs (PNJ) qui réagissent de manière réaliste aux actions du joueur et qui ont leur propre personnalité et comportement. Avez-vous déjà croisé ces personnages dans votre jeu vidéo préféré ?

Les jeux vidéo peuvent également utiliser l'IA d'apprentissage automatique pour créer des personnages qui s'améliorent et qui s'adaptent au fil du temps. Par exemple, un joueur qui joue souvent contre une intelligence artificielle dans un jeu de stratégie pourrait se retrouver face à un adversaire de plus en plus difficile à battre au fil du temps, car l'IA apprend de ses erreurs et s'améliore en conséquence. Ainsi, votre ami aura un autre niveau à combattre dans les niveaux d'après. Ne soyez pas surpris, c'est une IA qui évolue en fonction de votre niveau de jeu.

Les jeux vidéo présentent de nombreux avantages, comme la possibilité de s'amuser et de se divertir, de développer ses compétences et son esprit de compétition, ou encore de se détendre et de se changer les idées. Cependant, ils peuvent également présenter des risques, comme une addiction ou un manque d'exercice physique, et il est important de les utiliser de manière raisonnable. Nous conseillons vivement d'adapter les bons réflexes pour un jeu raisonnable et équilibré.

# 5. La santé et le bien-être

La santé et le bien-être sont des domaines de l'IA qui peuvent changer et impacter la vie des gens de manière significative. L'IA peut être utilisée pour améliorer la prévention, le diagnostic et le traitement de différentes maladies et problèmes de santé.

Par exemple, l'IA peut être utilisée pour analyser des images médicales, comme des radiographies ou des scanners, et pour détecter des anomalies qui pourraient être invisibles à l'œil humain. Ce type d'IA peut également être utilisé pour analyser des données de santé, comme des résultats de laboratoire ou des données de suivi de la santé, et pour établir des diagnostics ou des pronostics plus précis.

L'IA peut également être utilisée pour aider à la mise en place de programmes de suivi de la santé et de bien-être, en analysant les données de l'utilisateur et en lui proposant des conseils sur son régime alimentaire, son activité physique ou son sommeil. Elle peut également être utilisée pour développer de nouvelles thérapies ou pour améliorer l'efficacité de celles qui existent déjà.

Nous utilisons nous-même des montres connectées qui exploitent des outils IA pour nous offrir des suggestions de sommeil, des conseils personnalisés et un accompagnement possible grâce à des IA d'analyse de données, intégrées à ces outils de bien-être.

## 6. Le marketing et la publicité

Le marketing et la publicité sont des domaines de l'IA qui ont le potentiel de changer la manière dont les entreprises communiquent avec leur public cible et de personnaliser l'expérience de l'utilisateur. L'IA peut être utilisée pour cibler les publicités de manière plus précise et pour mesurer l'efficacité de ces publicités. Offrant ainsi, la possibilité de toucher une audience plus facilement, et de manière plus optimisée dans des campagnes publicitaires en ligne ou même parfois à travers des canaux de marketing physiques.

L'IA peut être utilisée pour analyser les données de l'utilisateur, comme ses centres d'intérêt, son historique de navigation ou ses achats en ligne, et pour lui afficher des publicités personnalisées qui correspondent à ses intérêts. Elle peut également être utilisée pour analyser les données de performance des publicités, comme le taux de clics ou le taux de conversion, et pour aider les entreprises à optimiser leur stratégie de marketing en conséquence. Avez-vous déjà exploité les outils proposés par les réseaux sociaux pour l'analyse de ces données ? Ces outils comme Facebook Insights intègrent déjà des modules IA pour exploiter les milliards de données captées chaque seconde.

L'IA peut être exploitée pour automatiser certaines tâches de marketing, comme la rédaction de contenus pour les réseaux sociaux ou l'envoi de newsletters. Cependant, il est important de noter que l'IA ne remplace pas complètement le travail humain et qu'un équilibre est nécessaire afin d'avoir une rédaction réalisée par un humain, pour des humains.

## 7. La finance et les assurances

La finance et l'assurance sont des domaines de l'IA qui peuvent changer la manière dont les entreprises gèrent leur capital et leur risque. L'IA peut être utilisée pour analyser des données financières et pour prendre des décisions d'investissement plus approfondies.

Par exemple, l'IA peut être utilisée pour analyser les données du marché financier et pour prédire les tendances à venir. Elle peut également être utilisée pour évaluer les risques liés à un investissement et pour recommander des portefeuilles d'investissement adaptés aux objectifs et au profil de risque de l'investisseur.

Dans le domaine de l'assurance, l'IA est utile pour évaluer les risques liés à un contrat d'assurance et pour déterminer le montant des primes à appliquer. Elle peut également être utilisée pour analyser les données de sinistres et pour déterminer les causes les plus fréquentes de sinistre et les mesures à mettre en place pour les prévenir.

# 8. L'agriculture et notre alimentation

L'agriculture et l'alimentation sont des domaines de l'IA qui peuvent potentiellement changer la manière dont les aliments sont produits et consommés. L'IA peut être utilisée pour améliorer la productivité et la durabilité de l'agriculture, ainsi que pour assurer la qualité et la sécurité des aliments.

L'IA peut par exemple être utilisée pour optimiser les pratiques agricoles en fonction des conditions météorologiques et des besoins des plantes. Elle peut également être utilisée pour surveiller les récoltes et pour détecter les problèmes de santé des plantes ou des animaux d'élevage à un stade précoce.

Dans le domaine de l'alimentation, l'IA peut être utilisée pour analyser les données de qualité et de sécurité des aliments et pour détecter les contaminants ou les erreurs de production. Elle peut également être utilisée pour personnaliser les recommandations alimentaires en fonction des besoins et des préférences de chaque individu. Un grand nombre d’acteurs dans ce domaine commencent l’exploitation des outils IA pour diverses applications sur le terrain, dans les laboratoires agricoles, comme dans les universités et les laboratoires universitaires de recherche.

# 9. L’énergie et l’environnement

L'énergie et l'environnement sont des domaines de l'IA qui ont le potentiel de changer la manière dont nous produisons et consommons de l'énergie, ainsi que de protéger l'environnement. L'IA peut être utilisée pour optimiser la production et la distribution d'énergie, ainsi que pour développer de nouvelles sources d'énergie propres et durables. Cela pourrait vous sembler irréel, mais l'IA est une vraie révolution silencieuse, qui va toucher tous les aspects de notre vie.

Par exemple, l'IA peut être utilisée pour analyser les données de consommation d'énergie et pour optimiser la gestion de l'énergie dans les bâtiments et les villes. C'est une option qui peut être agréablement utile pour la gestion de l'énergie et des fuites énergétiques dans les anciens bâtiments nécessitant des travaux de rénovation et d'isolation. Elle peut également être utilisée pour développer de nouvelles technologies de stockage d'énergie et pour intégrer des sources d'énergie renouvelable dans le réseau électrique.

Dans le domaine de l'environnement, l'IA peut être utilisée pour surveiller et analyser l'état de l'environnement, comme la qualité de l'air et de l'eau, la biodiversité ou le climat. Elle peut également être utilisée pour développer de nouvelles technologies de traitement des déchets ou de récupération des matières premières.

# III. L'IA et la création artistique

## 1. Quel rôle peut jouer l'IA dans la création artistique ?

Si vous ne le savez pas, l'IA peut jouer un rôle important dans la création artistique en permettant aux artistes de s'appuyer sur des outils et des techniques qui leur permettent de produire de nouvelles œuvres de manière plus efficace et plus rapide. Par exemple, l'IA peut être utilisée pour générer de nouvelles musiques, tonalités et “beats”. Elle peut également écrire de nouvelles histoires ou créer de nouvelles images.

En utilisant l'apprentissage automatique, les artistes de nos jours peuvent également créer de nouvelles œuvres en s'inspirant de leurs précédentes créations ou en combinant différents éléments de leur travail antérieur de manière inédite. Cependant, l'IA peut être utilisée pour améliorer les processus de création en permettant aux artistes de s'appuyer sur des outils de traitement du langage naturel ou de reconnaissance de la parole pour mieux comprendre et analyser leur propre travail et celui de leurs pairs. N'est-ce pas fantastique comme application directe de l'IA ?

Pour résumer concernant ce domaine d'application, l'IA peut offrir de nombreuses possibilités pour la création artistique, mais elle soulève également de nombreux enjeux éthiques et sociaux, qui seront discutés dans les sous-parties suivantes de ce chapitre.

## 2. Exemples de créations artistiques réalisées par l'IA

### La musique

L'IA peut être utilisée pour la création de musique de différentes manières créatives et parfois, assez surprenantes. Dans certains cas, elle peut être utilisée pour générer de la musique de manière autonome, en utilisant des algorithmes pour composer des morceaux originaux. Dans d'autres cas, elle peut être utilisée pour aider les musiciens à composer de la musique, en leur proposant des idées ou en les assistant dans la création de leurs propres morceaux.

L'IA peut également être utilisée pour analyser et évaluer la qualité de la musique, en utilisant des critères tels que l'harmonie, le rythme et la structure. C'est sans doute ce que les artistes préfèrent le plus avec une IA. Cela peut être utile pour les producteurs de musique ou les professionnels du marketing musical, qui peuvent utiliser ces analyses pour cibler leurs efforts de promotion ou pour sélectionner les artistes et les morceaux qui ont le plus de potentiel.

Enfin, l'IA peut être utilisée pour la création de musique en temps réel, grâce à des programmes de performance musicale qui permettent aux musiciens de jouer de la musique en utilisant des commandes vocales ou des gestes. Ces programmes peuvent être utilisés pour créer des spectacles inédits et originaux, en combinant différents styles de musique et en utilisant l'IA pour mixer et traiter les sons en temps réel.

## La peinture

L'IA peut être utilisée pour créer de la peinture de manière autonome, en utilisant des techniques d'apprentissage automatique pour analyser et reproduire des styles de peinture existants ou pour générer de nouvelles œuvres originales. Les systèmes d'IA peuvent également être utilisés pour aider les artistes dans leur processus de création, en leur proposant des idées de couleurs, de compositions ou de motifs à inclure dans leurs peintures.

Cependant, l'utilisation de l'IA dans la peinture soulève également des questions éthiques, notamment en ce qui concerne la question de savoir si les œuvres créées par l'IA peuvent être considérées comme de véritables œuvres d'art, et si les artistes qui utilisent l'IA dans leur processus de création devraient être crédités de la même manière que les artistes qui créent de manière entièrement manuelle. L'utilisation de ces outils reste récente, et un grand nombre de questions se posent auprès des communautés d'artistes, et dans le domaine des arts visuels en général.

## La photographie

La photographie est un domaine où l'IA a récemment fait son entrée, en proposant des outils pour améliorer la qualité des photos ou en créant de nouvelles images de manière entièrement automatisée. Des algorithmes de traitement d'image permettent par exemple de supprimer le flou ou les imperfections présentes dans une photo, ou encore de la colorer si elle est en noir et blanc. Un grand travail donc pour soulager les photographes et pour rendre le traitement des images plus automatisé, et moins long que d'habitude.

De plus, des réseaux de neurones* ont été entraînés sur des bases de données de photos pour pouvoir générer de nouvelles images à partir de descriptions textuelles ou de schémas de base. Cette technologie peut être utilisée pour créer des visuels de synthèse de qualité pour le cinéma ou les jeux vidéo, mais également pour imaginer de nouvelles formes d'expression artistique. C'est assez fascinant comment la IA a pu avancer dans ce sens pour intégrer ces fonctionnalités exploitables dans les domaines artistiques.

Toutefois, l'IA suscite également des inquiétudes dans le domaine de la photographie, notamment en ce qui concerne la question de la crédibilité des images générées par ordinateur. Il est en effet possible de créer des images totalement falsifiées qui sont difficiles à distinguer des photographies réelles, ce qui peut poser des problèmes de véracité et de confiance dans l'information. En plus, l'utilisation de l'IA dans la photographie peut également susciter des craintes quant à la perte d'emplois pour les professionnels du domaine ou à la dévalorisation de l'œuvre artistique humaine.

## La poésie

Depuis quelques années, l'IA est utilisée dans la création de poésie. En effet, grâce à ses capacités de traitement du langage naturel et de reconnaissance de modèles, l'IA est capable de générer des poèmes en se basant sur des corpus de textes précédemment enregistrés. La première fois que nous avons découvert ces fonctionnalités, nous avons été émerveillés par la qualité rédactionnelle de ces textes.

Cependant, la création de poésie par l'IA suscite de nombreuses questions éthiques et esthétiques. De la même manière que la photographie. En effet, certains considèrent que l'IA ne peut pas réellement créer de l'art, car elle ne possède pas de conscience et ne peut pas ressentir les émotions qui sont souvent présentes dans la poésie. D'autres considèrent au contraire que l'IA peut être considérée comme un outil de création artistique à part entière, capable de produire des œuvres originales et innovantes. Et vous ? Que pensez-vous de cette intégration de l'IA dans le domaine de la poésie et des textes artistiques ?

Quoi qu'il en soit, il est indéniable que l'IA a déjà produit de nombreux poèmes qui ont été appréciés par les lecteurs et qui ont suscité de nombreuses réflexions sur les possibilités de l'IA en matière de création artistique.

## Le domaine du théâtre

L'IA peut être utilisée dans la création de contenu théâtral de différentes manières. Par exemple, elle peut être exploitée de manière intelligente pour générer des scénarios de manière automatisée en utilisant des techniques de génération de texte, ou pour créer des personnages et des dialogues en utilisant des techniques de compréhension du langage naturel.

L'IA sert également à aider à la mise en scène en proposant des idées de mouvements de scène ou en suggérant des placements de lumière et de décor en fonction de l'intrigue et des personnages. Un grand changement sans doute pour les ingénieurs et techniciens de plateaux.

Enfin, l'IA peut être utilisée pour la création de musique et de sons pour le théâtre, en utilisant des techniques de synthèse audio ou en combinant des éléments préenregistrés de manière originale. Le saviez-vous ?

## 3. Limites et enjeux de l'IA en matière de création artistique

Comme vous le savez maintenant, l'IA peut être utilisée pour créer de l'art de différentes manières, comme la composition de musique, la création de peintures ou encore la rédaction de poésie. Cependant, il existe certaines limites à ces utilisations de l'IA en matière de création artistique. Regardons ensemble ces limites, et comment se construire un aperçu autour de l'IA artistique.

Une des limites les plus évidentes est le manque de subjectivité et de créativité de l'IA. Alors que l'art est souvent considéré comme une expression de l'individu et de sa personnalité, l'IA est limitée par sa programmation et ne peut pas véritablement avoir sa propre voie ou signature artistique.

Cependant, l'utilisation de l'IA dans la création artistique peut soulever des questions éthiques. Par exemple, si une œuvre d'art est créée par un programme informatique, qui est le véritable auteur de cette œuvre ? Et si l'IA est utilisée pour créer de l'art à grande échelle, cela peut avoir un impact sur l'industrie artistique et les artistes professionnels sans doute. C'est ce que les prochaines années nous montreront.

Il y a également des enjeux liés à la qualité de l'art créé par l'IA. Bien que l'IA puisse être utilisée pour créer de l'art de qualité, il y a des risques que l'art créé par l'IA soit considéré comme moins valable ou moins significatif que l'art créé par un être humain. Après tout, l'IA elle-même a été créée par l'humain.

Enfin, il y a le problème de la diversité et de l'inclusion dans la création artistique réalisée par l'IA. Si l'IA est entraînée sur des données qui reflètent les biais existants dans notre société, cela pourrait entraîner une reproduction de ces biais dans l'art créé par l'IA. Il est donc important de veiller à ce que les données utilisées pour entraîner l'IA soient diverses et équilibrées afin de garantir la diversité et l'inclusion dans la création artistique réalisée par l'IA.

## 4. Futurs possibles de l'IA et de la création artistique

La création artistique est un domaine qui a toujours été considéré comme étant intimement lié à l'humanité et à la créativité humaine. Vous n’avez qu’à regarder les films futuristes pour comprendre l’implication de l’IA dans la vie des humains dans 100 ou 200 ans. Cependant, avec l'avènement de l'intelligence artificielle, de nombreux artistes et experts sont en train de se poser la question de savoir si l'IA peut également être utilisée pour créer de l'art. En effet, l'IA est capable d'apprendre et de s'adapter rapidement, ce qui lui permet de créer de nouvelles œuvres de manière autonome. Donc, pourquoi pas ?

Dans le domaine de la musique, par exemple, des programmes informatiques ont déjà été utilisés pour générer de nouvelles compositions originales. Dans le domaine de la peinture, des algorithmes d'IA ont été utilisés pour créer des œuvres visuellement étonnantes qui pourraient être difficilement distinguées de celles réalisées par des humains. Même dans le domaine de la photographie, l'IA peut être utilisée pour générer de nouvelles images à partir de données existantes. Vous avez sans doute déjà apprécié une œuvre artistique sans savoir qu’elle a été générée par une IA.

Cependant, il ne faut pas oublier que l'IA est encore très loin d'être capable de rivaliser avec l'humanité en matière de créativité. De nombreux artistes et experts estiment que l'IA ne pourra jamais véritablement remplacer l'homme en tant que créateur, et que sa principale utilité réside dans sa capacité à aider les artistes à créer de nouvelles œuvres de manière plus rapide et efficace.

En fin de compte, il est difficile de prévoir exactement comment l'IA va évoluer et se développer dans le domaine de la création artistique à l'avenir. Cependant, il est possible de faire quelques hypothèses sur les différents scénarios qui se dessinent. Regardons ces scénarios de près.

D'une part, il est plausible que l'IA continue de s'intégrer de manière de plus en plus poussée dans le processus de création artistique, en se substituant à certains aspects de la création humaine ou en offrant de nouvelles possibilités créatives. Par exemple, l'IA pourrait être utilisée pour générer automatiquement des compositions musicales, des œuvres visuelles ou encore des textes littéraires. Par contre, cela pourrait poser des problèmes éthiques, comme la question de la paternité de l'œuvre ou encore celle de l'attribution des droits d'auteur. Le chemin est encore long devant l'IA, pour qu'elle intègre entièrement ce domaine avec tous ses aspects juridiques, d'appartenance et d'intégrité.

D'autre part, il est possible que l'IA soit utilisée de manière plus ponctuelle, en tant qu'outil de création artistique au service de l'artiste. Par exemple, l'IA pourrait être utilisée pour analyser et traiter de grandes quantités de données musicales afin d'aider les compositeurs à trouver de nouvelles idées de compositions, ou encore pour créer des effets visuels complexes pour des films ou des performances de danse. Dans ce cas, l'IA agirait plus comme un assistant de création que comme un créateur à part entière. Cela ne va pas impacter les assistants actuels, mais leur donner la chance d'exploiter un outil puissant entre leurs mains.

Il est également possible que l'IA soit utilisée de manière plus collaborative, en coopération avec des artistes pour créer des œuvres hybrides, mêlant création humaine et création automatisée.

# IV. Les enjeux éthiques et sociaux de l'IA

## 1. Impact sur l'emploi

L'un des enjeux éthiques et sociaux de l'IA qui suscite le plus de débat est son impact sur l'emploi. En effet, l'IA peut être utilisée pour automatiser certaines tâches et fonctions, ce qui peut entraîner la suppression d'emplois ou la modification de leur nature. Qu'en pensez-vous à ce niveau ?

Selon certains experts, l'IA pourrait entraîner la disparition de certains emplois peu qualifiés ou routiniers, mais elle pourrait également créer de nouveaux emplois liés à son développement et à son utilisation. Il est difficile de prévoir avec précision l'impact net de l'IA sur l'emploi, mais il est probable que l'IA aura un impact sur la répartition et la nature des emplois à l'avenir. C'était le cas avec la révolution industrielle robotique et les emplois qui ont transité de l'usine, au développement, maintenance et programmation des automates industriels.

## 2. Surveillance de masse et vie privée

La surveillance de masse est un autre enjeu éthique et social de l'IA qui suscite de nombreuses préoccupations. L'IA peut être utilisée pour collecter, analyser et utiliser de grandes quantités de données sur les individus et leurs activités, ce qui peut entraîner une violation de la vie privée et de la liberté individuelle.

La surveillance de masse peut être utilisée à des fins légitimes, comme par exemple pour assurer la sécurité nationale ou pour lutter contre le crime, mais elle peut également être utilisée à des fins abusives, comme par exemple pour contrôler ou réprimer les individus ou les groupes. La surveillance de masse a toujours existé, mais nous ne savons pas si une IA va renforcer et solidifier ces pratiques ou pas.

## 3. Égalité des sexes et diversité

L'égalité des sexes et la diversité sont des enjeux importants de l'IA qui concernent l'inclusion et la représentativité de tous les groupes dans le développement et l'utilisation de l'IA. En effet, l'IA peut être utilisée pour reproduire et renforcer les inégalités existantes, comme par exemple en privilégiant certaines voix ou en discriminant certaines personnes ou groupes. Le chemin est encore long avant qu'on efface ces inégalités de manière permanente, dans la vraie vie mais également dans les outils IA exploitables aujourd'hui.

## 4. Responsabilité et comptes de chaque partie prenante

La responsabilité et l'accountability* sont des enjeux éthiques et sociaux de l'IA qui concernent la gestion des conséquences de l'utilisation de l'IA et l'attribution de la responsabilité en cas de problèmes ou de défaillances. L'IA peut entraîner des conséquences imprévues ou indésirables, comme par exemple des erreurs de jugement ou des discriminations, et il est important de savoir comment gérer ces

- Gestion des réseaux sociaux



- pas avant 16 ans en Australie

conséquences et qui est responsable. Le chemin est encore long pour les responsables afin de mettre en place des régulations et des lois préservant la responsabilité de chacun.

# 5. La transparence et l'explicabilité

La transparence et l'explicabilité sont des enjeux éthiques et sociaux à ne pas négliger, qui concernent la compréhension et la transparence des décisions prises par l'IA et de son fonctionnement. L'IA peut en effet être utilisée pour prendre des décisions complexes ou influencer des processus qui ont un impact sur les individus ou les organisations, et il est important de savoir comment ces décisions sont prises et pourquoi. Dans le cas des réseaux sociaux par exemple, cette notion prend une importance majeure lors des élections ou des événements politiques à grande envergure.

# V. Techniques de développement de l'IA

## 1. Ce qu'il faut savoir sur l'apprentissage automatique

L'apprentissage automatique est une technique de développement de l'IA qui permet à une machine ou à un système d'"apprendre" à partir de données et de s'améliorer automatiquement au fil du temps sans être explicitement programmé. Vous l'aviez deviné à partir du terme "apprentissage automatique". Cela signifie que l'apprentissage automatique permet à une machine de s'adapter et de s'améliorer en fonction de nouvelles données et de nouvelles situations. C'est la magie qui s'opère dans une IA sous nos yeux ! Fascinant n'est-ce pas ?

Il existe différents types d'apprentissage automatique, notamment l'apprentissage supervisé, l'apprentissage non supervisé et l'apprentissage par renforcement. L'apprentissage supervisé consiste à utiliser des données étiquetées pour apprendre à prédire ou à classifier des données non étiquetées, tandis que l'apprentissage non supervisé consiste à utiliser des données non étiquetées pour apprendre à regrouper ou à représenter les données de manière significative. L'apprentissage par renforcement consiste à utiliser des récompenses et des punitions pour apprendre à prendre des décisions dans des situations données. Ces trois modes peuvent être complémentaires et faire un seul programme exploitable.

L'apprentissage automatique est largement utilisé dans de nombreux domaines, notamment la reconnaissance de la parole, la vision par ordinateur, la traduction automatique et la prédiction de la demande. Cependant, l'apprentissage automatique présente également des défis éthiques et sociaux, comme les applications AI en général. Notamment en ce qui concerne la qualité et la diversité des données utilisées, la protection de la vie privée et la transparence et l'explicabilité des décisions prises par l'IA.

## 2. Le domaine de la robotique

La robotique est une discipline qui concerne la conception, la construction, l'opération et l'application de robots. Les robots sont des machines conçues pour exécuter des tâches automatiquement, généralement en suivant des instructions préprogrammées. Ils peuvent être utilisés dans de nombreux domaines, notamment la production industrielle, la logistique, la santé et la défense. Vous avez maintenant chez vous au moins un produit ou une voiture conçue à l'aide de robots industriels.

La robotique est étroitement liée à l'IA, car l'IA peut être utilisée pour donner aux robots une certaine forme de "conscience" ou de "sensibilité" et pour les rendre capables de s'adapter et d'apprendre de nouvelles tâches. C'est ce qui inspire les scénaristes de films pour vous montrer la vision futuriste des robots et droids autonomes. Par exemple, les robots autonomes, qui peuvent se déplacer et interagir avec leur environnement de manière indépendante, utilisent souvent des techniques d'IA telles que la reconnaissance de la parole, la vision par ordinateur et l'apprentissage automatique pour effectuer leurs tâches. Le robot est en quelque sorte un laboratoire d'accueil pour des programmes et applications IA.

La robotique présente également des enjeux éthiques et sociaux, notamment en ce qui concerne l'impact sur l'emploi et la coexistence des robots et des humains dans des espaces partagés. Il est important de veiller à ce que les robots soient conçus et utilisés de manière responsable et à ce qu'ils respectent les droits et les intérêts des individus et des organisations. C'est le minimum à prévoir vu l'impact direct des robots sur les humains et sur la production à grande échelle dans différentes industries.

## 3. Compréhension du langage naturel chez les IA

La compréhension du langage naturel est l'une des tâches les plus difficiles pour les systèmes d'IA, car le langage humain est complexe et souvent ambigu. Il peut varier selon la culture, le contexte et l'intention de l'individu qui parle ou écrit.

Pour comprendre le langage naturel, les systèmes d'IA doivent être capables de traiter et de comprendre le texte ou la parole dans leur forme la plus brute, sans être préalablement structurés ou organisés. Cela nécessite des techniques de traitement du langage naturel (NLP), qui incluent la reconnaissance de la parole, la segmentation du texte en mots et phrases, la reconnaissance de la syntaxe et la reconnaissance du sens. Avez-vous déjà croisé le terme PNL ou NLP quelque-part ?

La compréhension du langage naturel est utilisée dans de nombreuses applications, notamment les assistants virtuels, les chatbots, la traduction automatique et la recherche sur le Web. Elle est également importante pour permettre aux systèmes d'IA de "lire" et de comprendre les documents écrits, tels que les rapports, les articles de presse et les contrats. Vous avez sans doute déjà cherché un terme incomplet sur la barre de recherche Google, pour obtenir des résultats complets et satisfaisants.

Cependant, la compréhension du langage naturel est encore loin d'égaler celle des humains et présente des défis techniques et éthiques. Par exemple, les systèmes d'IA peuvent avoir du mal à comprendre les nuances de sens, les ironies et les sarcasmes, et peuvent être sujets à des biais et des erreurs de compréhension. Si vous cherchez donc à rédiger des textes littéraires avec de la satire et de l'ironie, vaut mieux se baser sur ses propres compétences et sa créativité abondante.

## 4. Les systèmes dits “experts”

Les systèmes experts sont des systèmes d'IA conçus pour simuler l'expertise humaine dans un domaine spécifique. Ils sont généralement utilisés pour prendre des décisions complexes, résoudre des problèmes et fournir des conseils dans des domaines tels que la médecine, la finance, la justice et l'aérospatiale. Avez-vous déjà rencontré un système similaire exploité par un médecin ou par un avocat ? Si ce n'est pas le cas, sachez que des logiciels proposent des IA et une aide ou assistance à des médecins ou des avocats en fonction du scénario complexe et ses variations chez le patient ou le client.

Les systèmes experts sont construits à partir d'un grand nombre de règles et de connaissances précises sur un domaine donné. Ces règles et connaissances sont généralement encodées par des experts humains dans le domaine, et les systèmes experts utilisent ces informations pour raisonner et déduire de nouvelles informations.

Les systèmes experts sont souvent utilisés lorsqu'il y a un grand nombre de règles et de connaissances à prendre en compte, lorsque les décisions doivent être prises rapidement ou lorsqu'il y a un risque élevé en cas d'erreur. Cependant, ils peuvent être coûteux et complexes à mettre en place, et ils sont généralement limités à un domaine d'expertise spécifique. De plus, les systèmes experts sont souvent critiqués pour leur manque de souplesse et de capacité à s'adapter à de nouvelles situations ou à de nouvelles connaissances.

Il est également important de noter que les systèmes experts ne sont qu'une forme spécifique de systèmes d'IA et qu'ils ne représentent qu'une partie de l'éventail des techniques de développement de l'IA disponibles. D'autres approches, telles que l'apprentissage automatique et la robotique, peuvent également être utilisées pour créer des systèmes d'IA capables de simuler l'intelligence humaine.

# 5. Les neurones et les réseaux de neurones

Les neurones et les réseaux de neurones sont des techniques de développement de l'IA qui s'inspirent du fonctionnement du cerveau humain. Ce n’est pas étonnant nous dirions. Les neurones sont des unités de traitement de l'information qui peuvent être connectées entre elles pour former un réseau. Ces réseaux de neurones peuvent être utilisés pour traiter et analyser de grandes quantités de données et pour effectuer des tâches telles que la reconnaissance de l'écriture manuscrite, la reconnaissance de la parole et l'analyse de données financières. Vous avez déjà entendu sans doute le terme “big data” qui est une nouvelle science qui utilise principalement les réseaux de neurones pour les analyses ou le travail réalisé sur une masse d’information souvent inexploitable avec les outils que nous possédons.

Savez-vous comment les réseaux de neurones fonctionnent ? Les réseaux de neurones sont construits à partir de couches de neurones qui sont connectées entre elles. Chaque neurone reçoit des entrées de la couche précédente et produit une sortie qui est envoyée à la couche suivante. Les neurones de chaque couche peuvent être entraînés à effectuer une tâche spécifique en ajustant les poids de leurs connexions avec les neurones de la couche précédente.

Les réseaux de neurones ont été utilisés avec succès dans de nombreuses applications, notamment la reconnaissance de l'image et de la parole, la traduction automatique et la prédiction dans le domaine financier. Cependant, ils sont souvent complexes à mettre en place et nécessitent de grandes quantités de données d'entraînement pour être efficaces. Ils peuvent aussi être difficiles à comprendre et à expliquer.

# 6. La génétique et l’évolution artificielle

La génétique et l'évolution artificielle sont des techniques de développement de l'IA qui s'inspirent du processus naturel de sélection et d'évolution. Ces techniques sont utilisées pour créer des algorithmes d'IA qui peuvent apprendre et s'adapter en fonction de leur environnement. C’est une branche des IA très importante, à l’exemple de ce qui se développe actuellement pour prédire l’évolution d’une plante sur le sol de la planète mars.

La génétique artificielle utilise des algorithmes de sélection et de mutation pour générer de nouvelles solutions à un problème donné. Ces algorithmes sont basés sur les principes de la biologie moléculaire, comme la reproduction et la recombinaison génétique. Une application parfaite pour les travaux en cours sur le clonage artificiel.

L'évolution artificielle, quant à elle, utilise des algorithmes de sélection et de reproduction pour créer de nouvelles solutions à un problème donné. Ces algorithmes sont basés sur les principes de l'évolution biologique, comme la sélection naturelle et la survie du plus apte.

La génétique et l'évolution artificielle sont souvent utilisées pour résoudre des problèmes complexes qui sont difficiles à résoudre en utilisant d'autres techniques d'IA. Cependant, elles peuvent être lentes et nécessitent de grandes quantités de données pour être efficaces. De plus, il est difficile de prévoir les résultats obtenus avec ces techniques, ce qui peut poser des problèmes éthiques dans certains contextes.

# VI. Futurs possibles de l'IA

## 1. Quelques scénarios optimistes

Les scénarios optimistes pour l'avenir de l'IA voient cette dernière comme une force positive pour l'humanité, capable de résoudre de nombreux problèmes complexes et de rendre notre vie plus facile et plus agréable. Selon ces scénarios, l'IA pourrait :

### Contribuer à notre santé et notre bien-être

En premier lieu, l'IA pourrait être utilisée pour analyser les données de santé de chaque individu, afin de mieux comprendre leurs besoins et de leur proposer des solutions de prévention ou de traitement adaptées. Cela pourrait se faire grâce à l'analyse de données génétiques, de données sur le mode de vie ou encore de données sur l'environnement. C'est ce qui se fait déjà avec vos montres connectées et les suggestions pour un meilleur sommeil que vous recevez en notification.

Ensuite, l'IA pourrait également être utilisée pour développer de nouveaux médicaments, en utilisant des algorithmes pour modéliser la façon dont le corps réagit aux médicaments et en utilisant des robots pour automatiser certaines étapes de la production. Bien évidemment, cette contribution sera un accompagnement et un programme automatisé et sans intervention humaine.

L'IA pourrait également être utilisée pour améliorer la prise en charge des patients, en utilisant des assistants virtuels pour répondre à leurs questions et en utilisant des robots pour effectuer certaines tâches de soins. Cela pourrait permettre de libérer du temps pour les soignants et de rendre la prise en charge plus efficiente. Un grand soulagement pour les médecins, les hôpitaux et certains créneaux assez débordés toute l'année.

En utilisant des techniques d'apprentissage automatique et de traitement du langage naturel, l'IA peut analyser de grandes quantités de données médicales et identifier des tendances et des modèles qui pourraient être utiles pour prédire et prévenir les maladies. Par exemple, l'IA peut être utilisée pour analyser les antécédents médicaux et les données de santé en temps réel d'un patient afin de détecter des signes de maladies chroniques telles que le diabète ou l'hypertension artérielle. L'IA peut également être utilisée pour personnaliser les traitements médicaux en fonction des besoins individuels d'un patient, ce qui peut améliorer l'efficacité des traitements et réduire les effets secondaires. C'est une révolution en elle-même dans le domaine médical et la prévention contre les maladies, les contaminations et les accidents.

En plus de son utilisation dans le domaine de la médecine, l'IA peut également être utilisée pour améliorer notre bien-être de manières plus indirectes. Par exemple, l'IA peut être utilisée pour analyser notre comportement et nos habitudes de vie afin de nous aider à prendre de meilleures décisions pour notre santé. Elle peut également être utilisée pour créer des programmes de remise en forme personnalisés ou pour nous aider à gérer notre stress et notre anxiété. C'est le cas déjà avec des applications smartphone de bien-être, où vous inscrivez chaque jour vos habitudes pour un suivi et un accompagnement personnalisé.

Nous retrouvons l'IA également pour aider les personnes à mieux gérer leur bien-être mental et émotionnel. Par exemple, des chatbots conçus pour offrir une écoute attentive et une aide psychologique pourraient être mis à disposition des personnes souffrant de troubles mentaux ou émotionnels, ou simplement en quête de soutien et de réconfort. De cette manière, l'IA pourrait contribuer à réduire la stigmatisation liée aux problèmes de santé mentale et offrir une aide précieuse à ceux qui en ont besoin. Une IA ne peut pas remplacer une thérapie comme nous la connaissons, mais peut aider une personne en souffrance à patienter par exemple, le temps nécessaire pour qu'un professionnel de santé soit disponible.

## Accroître notre productivité

Dans le futur, l'IA pourrait être utilisée pour accroître notre productivité de diverses manières. Tout d'abord, elle pourrait être utilisée pour automatiser certaines tâches fastidieuses ou répétitives, ce qui nous permettrait de nous concentrer sur des tâches plus créatives et complexes. C'est ce qui est déjà utilisé dans nos systèmes d'exploitation pour automatiser certaines tâches quotidiennes. Cependant, c'est une chose accessible qu'aux développeurs et qui sera dans l'avenir possible pour le grand public.

L'IA pourrait également être utilisée pour analyser et optimiser nos processus de travail, ce qui nous permettrait de travailler plus efficacement et de manière plus organisée. De nombreuses fonctionnalités ont déjà trouvé leur place dans notre quotidien, avec des suites de logiciels comme celles de Microsoft et de Google.

En utilisant l'IA pour gérer certaines parties de notre travail, nous pourrions également nous concentrer davantage sur le développement de nos compétences et sur l'apprentissage de nouvelles technologies, ce qui nous aiderait à rester compétitifs sur le marché du travail.

Enfin, l'IA pourrait également être utilisée pour échanger et partager de l'information de manière plus efficace au sein d'une entreprise, ce qui nous permettrait de travailler plus rapidement et de manière plus collaborative sans des boucles infinies de recherche d'information.

En résumé, l'IA pourrait être un outil précieux pour accroître notre productivité et nous aider à atteindre nos objectifs professionnels.

## Augmenter notre sécurité

Il est sans doute possible que l'IA puisse contribuer à accroître notre sécurité de plusieurs façons dans l'avenir. Tout d'abord, elle pourrait être utilisée pour prévenir et détecter les actes de terrorisme ou de criminalité en analysant de vastes quantités de données et en identifiant des schémas suspects. Elle pourrait également être utilisée pour surveiller les frontières et protéger les infrastructures sensibles, comme les centrales nucléaires et les pipelines en cas de surproduction ou de désastres naturels.

De plus, l'IA pourrait être utilisée pour améliorer la sécurité routière en développant des véhicules autonomes capables de détecter et d'éviter les collisions, ce qui pourrait réduire considérablement le nombre de morts et de blessures causées par les accidents de la route. C’est déjà le cas avec un bon nombre de modèles électriques et semi-autonomes. Cependant, le chemin est encore long avant d’avoir des systèmes à haut taux de fiabilité.

Enfin, l'IA pourrait être utilisée pour prévenir les catastrophes naturelles en analysant les données météorologiques et en prédisant les événements climatiques extrêmes, ce qui permettrait aux autorités publiques et aux entreprises de mieux se préparer et de protéger les populations et les biens de tout le monde.

## Favoriser la démocratie et la transparence

La démocratie et la transparence sont deux valeurs fondamentales dans une société juste et équitable. Dans un futur où l'IA sera de plus en plus présente dans notre vie quotidienne, il est important de s'assurer que ces valeurs ne sont pas mises de côté avec cette progression très rapide de l'IA autour de nous.

L'IA peut jouer un rôle important dans la promotion de la démocratie et de la transparence de plusieurs façons. Tout d'abord, elle peut être utilisée pour automatiser certaines tâches administratives, ce qui permettrait aux gouvernements de se concentrer sur des questions plus importantes et de prendre des décisions plus éclairées. De plus, l'IA peut être utilisée pour analyser de grandes quantités de données et ainsi permettre aux citoyens de mieux comprendre les enjeux et les conséquences de certaines décisions politiques.

Nous parlons également de surveiller les activités des gouvernements et des entreprises et ainsi s'assurer qu'ils respectent les lois et les normes éthiques. Enfin, l'IA peut être utilisée pour favoriser la participation citoyenne en permettant aux personnes de soumettre leurs idées et de participer aux décisions politiques de manière plus active.

Pour résumer cette partie, l'IA peut jouer un rôle important dans la promotion de la démocratie et de la transparence, à condition que ces technologies soient utilisées de manière responsable et éthique. Il est donc crucial de veiller à ce que les intérêts de tous les citoyens soient pris en compte lors de l'adoption et de l'utilisation de l'IA. Qu'en pensez-vous ? Est-ce judicieux de combiner les applications IA avec les activités de nos autorités publiques ?

## Favoriser l'éducation

L'intelligence artificielle pourrait avoir un impact positif sur l'éducation également en proposant des méthodes d'apprentissage adaptées à chaque élève. En utilisant des algorithmes de personnalisation, l'IA pourrait aider chaque élève à apprendre de manière plus efficace en s'adaptant à son rythme et à ses centres d'intérêt sans oublier ses difficultés et ses lacunes.

De plus, l'IA pourrait être utilisée pour offrir un accès à des enseignements de qualité à des populations éloignées géographiquement ou économiquement des centres d'enseignement traditionnels. Cette IA peut permettre à ces personnes d'avoir un accompagnement, avec l'absence des ressources humaines présentes sur place.

L'IA pourrait être utilisée pour automatiser certaines tâches de nos enseignants, comme la correction de devoirs ou la création de quiz, ce qui permettrait aux enseignants de se concentrer sur l'aspect humain de l'enseignement et d'interagir davantage avec les élèves.

Enfin, l'IA pourrait également être utilisée pour aider à la recherche en éducation en analysant de grandes quantités de données pour identifier des tendances et des modèles, ce qui pourrait aider à améliorer l'efficacité de l'enseignement et à développer de nouvelles approches pédagogiques.

## 2. Les scénarios pessimistes

Les scénarios pessimistes pour l'avenir de l'IA voient cette dernière comme une force potentiellement néfaste pour l'humanité, capable de créer de nouvelles formes d'inégalité et de menacer notre sécurité et notre bien-être. Avez-vous déjà pensé à ces scénarios de votre côté ? Selon ces scénarios, l'IA pourrait :

## Remplacer de nombreux emplois par des machines

L'IA peut remplacer certaines tâches effectuées par des personnes, mais aussi des professions entières, ce qui peut entraîner des difficultés économiques pour les individus concernés et une crise de l'emploi à plus grande échelle. Cependant, il est important de noter que cela ne se produira pas de manière uniforme et que certains secteurs seront plus touchés que d'autres. Par exemple, les emplois de routine, tels que la saisie de données ou la surveillance de machines, sont plus à risque de disparition que les emplois nécessitant des compétences spécifiques ou une créativité humaine. Avez-vous pensé à votre métier ? Est-ce remplaçable par une IA, ou complémentaire et compatible avec une intelligence d'assistance ?

Il est également possible que l'IA crée de nouveaux emplois, tels que des postes de développeurs ou de gestionnaires de systèmes de l'IA. Cependant, il est difficile de prévoir l'ampleur de ces créations d'emplois et si elles seront suffisantes pour compenser les pertes d'emplois causées par l'IA. C'est le cas également à côté de la robotique et du remplacement des postes dans divers modèles.

Il est important de prendre en compte ces risques liés à l'emploi lors de la mise en place de l'IA et de mettre en place des mesures pour atténuer leur impact, telles que la formation continue et la réorientation professionnelle des individus concernés. Avez-vous prévu de prendre des cours de développement informatique, introduction aux IA ?

## Entraîner une concentration de la richesse et du pouvoir

Il est possible que l'utilisation de l'IA à grande échelle puisse entraîner une concentration de la richesse et du pouvoir. En effet, l'IA peut permettre à certaines entreprises de devenir plus productives et de prendre de l'avance sur leurs concurrents, ce qui peut les rendre encore plus prospères. N'est-ce pas le cas déjà avec un groupe précis d'entreprise dominantes dans plusieurs secteurs d'activité ?

Cela peut se traduire par un accroissement de la richesse et du pouvoir de ces entreprises et de leurs dirigeants, tandis que d'autres entreprises et individus pourraient se retrouver défavorisés sans l'accès direct à ces outils IA. Cette concentration de la richesse et du pouvoir pourrait entraîner des conséquences néfastes sur l'économie en général et sur la société, notamment en termes d'inégalités économiques et de polarisation sociale.

Il est donc important de mettre en place des mesures de réglementation et de gouvernance pour veiller à ce que l'IA ne soit pas utilisée de manière à renforcer les inégalités existantes et à accroître les disparités de pouvoir.

## Mettre en danger notre sécurité

L'un des principaux enjeux de l'IA est sa capacité à mettre en danger notre sécurité à différents niveaux. Nous nous expliquons. En effet, l'IA peut être utilisée à des fins malveillantes, par exemple pour réaliser des attaques informatiques ou pour diffuser de fausses informations. Elle peut également être utilisée pour surveiller et contrôler la population, ce qui peut poser des problèmes de liberté individuelle et de respect de la vie privée. Avez-vous entendu parler du rôle de Facebook dans les élections présidentielles de Trump ?

L'IA peut avoir des conséquences dangereuses dans certains domaines, comme le transport ou la sécurité nucléaire. Par exemple, si un système de transport automatisé est piraté ou subit une panne, cela peut entraîner des accidents graves. De même, si un système de sécurité nucléaire est compromis, cela peut avoir des conséquences catastrophiques sur l'échelle locale et même nationale dans certains cas.

## Mettre en danger notre vie privée

Avec l'utilisation de plus en plus courante de l'IA dans de nombreux domaines, plusieurs données personnelles peuvent être collectées et analysées par des entreprises et des gouvernements. Parfois sans votre accord...

Cette collecte et cette analyse peuvent être utilisées à des fins commerciales, mais elles peuvent également être utilisées pour de la surveillance et pour du contrôle de l'individu.

Cela peut entraîner une perte de confidentialité et de liberté individuelle, ainsi qu'une atteinte à la vie privée et à la dignité des personnes.

Il y a aussi le risque que l'IA soit utilisée de manière discriminatoire ou abusive, par exemple en prenant des décisions qui ne sont pas équitablement réparties ou en ciblant de manière sélective certaines personnes ou groupes de personnes. Ainsi, les minorités pourraient être mises à l'écart.

## Créer de nouvelles formes de discrimination

Ce que vous ne savez pas, c’est que l'IA est susceptible de créer de nouvelles formes de discrimination en raison de sa capacité à traiter de grandes quantités de données et à prendre des décisions de manière autonome. Ces discriminations peuvent être le résultat de biais présents dans les données utilisées pour entraîner l'IA, ainsi que de la manière dont l'IA est utilisée. Si les données entraînant une IA discriminent un groupe de personnes, alors cette IA va sans doute le faire aussi. Assez logique, non ?

Par exemple, si une entreprise utilise l'IA pour présélectionner les candidats à un emploi en se basant sur leurs antécédents professionnels, l'IA pourrait discriminer les candidats qui n'ont pas eu accès aux mêmes opportunités ou qui viennent de milieux socio-économiques différents. De même, si l'IA est utilisée pour déterminer qui recevra une promotion ou une augmentation de salaire, elle pourrait discriminer en faveur de certaines personnes au détriment d'autres.

Il est important de prendre en compte ces risques lors de l'utilisation de l'IA et de mettre en place des mesures pour prévenir toute forme de discrimination.

Cela peut inclure la mise en place de politiques de diversité et d'inclusion, ainsi que la transparence et l'explicabilité de l'IA afin de permettre une compréhension et une surveillance de son fonctionnement. Des exceptions et des règles d'inclusion doivent intégrer ces systèmes IA afin d'éviter la marginalisation rapide et systématique de minorités.

## 3. Coopération avec l'homme ou remplacement de l'homme

La question de la coopération avec l'homme ou du remplacement de l'homme par l'IA est un débat récurrent dans le monde de l'IA. Vous aussi, vous avez probablement pensé à cette problématique : est-ce qu'une IA peut remplacer l'humain ?

D'un côté, certains estiment que l'IA peut être un outil précieux pour aider l'homme à accomplir des tâches fastidieuses ou dangereuses, et ainsi à libérer du temps et de l'énergie pour se consacrer à des activités plus créatives et enrichissantes. D'un autre côté, d'autres s'inquiètent que l'IA puisse menacer l'emploi et le métier de l'homme, ou même remplacer complètement certaines fonctions humaines. Nous trouvons qu'il est assez normal d'avoir des antagonistes et des protagonistes concernant ce sujet.

Il est indéniable que l'IA a déjà eu un impact sur certaines industries et certaines professions, en automatisant certaines tâches ou en fournissant de meilleurs résultats que l'homme dans certains domaines. Cependant, il ne faut surtout pas oublier que l'IA a créé de nouvelles opportunités d'emploi et a contribué à l'émergence de nouveaux métiers innovants et à haute valeur ajoutée.

En fin de compte, il est probable que l'IA coopère avec l'homme plutôt que de le remplacer complètement. Cela semble logique dans tous les cas et les scénarios possibles. En effet, l'IA ne peut pas remplacer certaines compétences humaines uniques, telles que la créativité, l'empathie et la capacité de prendre des décisions complexes. En outre, l'IA ne peut pas remplacer la responsabilité humaine de prendre des décisions importantes et de gérer les conséquences de ces décisions.

Il est donc important de trouver un équilibre entre l'utilisation de l'IA pour aider l'homme et la préservation de la valeur de l'homme dans la société (son emploi, sa contribution, ...Etc.). Cela nécessite une réflexion approfondie sur la façon dont l'IA peut être utilisée de manière éthique et responsable, ainsi que sur les moyens de s'assurer que les avantages de l'IA sont distribués de manière équitable à l'ensemble de la société.

# VII. Réglementation de l'IA

## 1. Définition de la réglementation de l'IA

La réglementation de l'IA est un ensemble de lois et de règles qui visent à encadrer le développement et l'utilisation de l'intelligence artificielle. Elle a pour objectif de protéger les individus et les membres des sociétés contre les risques potentiels que peut présenter l'IA, tout en permettant à cette dernière de s'épanouir et de se développer de manière responsable.

La réglementation de l'IA peut concerner différents aspects de l'IA, tels que sa conception, son utilisation, ses applications, ou encore sa diffusion. Elle peut également couvrir différents domaines, tels que la santé, la sécurité, l'emploi, la vie privée, etc.

La réglementation de l'IA est un enjeu crucial, car elle peut avoir des conséquences importantes sur l'avenir de l'IA et sur la manière dont cette dernière est utilisée par des institutions, des entreprises, et par tous les types d'utilisateurs susceptibles d'interagir avec cette technologie. En effet, une réglementation trop stricte pourrait freiner le développement de l'IA, alors qu'une réglementation trop laxiste pourrait laisser la porte ouverte à des abus et des risques pour les individus et les sociétés. Il est donc important de trouver un juste milieu afin de permettre à l'IA de s'épanouir tout en protégeant les intérêts des individus et de la société. Le même sujet est en cours de développement pour la blockchain, pour l'utilisation des drones ainsi que pour d'autres technologies récentes qui commencent à impacter notre quotidien.

## 2. Pourquoi est-il important de réglementer l'IA et ses applications ?

La réglementation de l'IA est capitale pour plusieurs raisons. Tout d'abord, elle peut aider à assurer la sécurité de l'IA en exigeant que les entreprises suivent certaines pratiques de développement et d'utilisation sûres et suivant une trame précise et connue. Cela peut être particulièrement important dans les domaines tels que la conduite autonome, où un dysfonctionnement de l'IA pourrait avoir des conséquences graves sur la sécurité des personnes.

En plus, la réglementation de l'IA peut contribuer à protéger les droits de l'homme et la vie privée en fixant des limites à l'utilisation de l'IA dans la surveillance de masse et en exigeant que les entreprises et les agences gouvernementales respectent la vie privée des utilisateurs. Elle peut également aider à prévenir la discrimination en exigeant que les entreprises utilisent l'IA de manière équitable et surtout transparente.

Enfin, la réglementation de l'IA peut aider à garantir la transparence et l'explicabilité de l'IA en exigeant que les entreprises rendent compte de leurs pratiques de développement et d'utilisation de l'IA et en obligeant les entreprises à rendre leurs systèmes d'IA explicables aux utilisateurs. Cela peut être particulièrement important dans les domaines tels que la finance et l'assurance, où les décisions prises par l'IA peuvent avoir un impact significatif sur les individus. Cet impact peut durer des années, et avoir des conséquences dramatiques en cas d'accident ou de dysfonctionnement technique.

## 3. Les enjeux de la réglementation de l'IA

La réglementation de l'IA est un sujet complexe et controversé qui soulève de nombreux enjeux de nos jours. Tout d'abord, il y a des préoccupations liées à la sécurité et à la fiabilité de l'IA. Nous nous expliquons. Si les systèmes autonomes ou les algorithmes de décision sont utilisés dans des domaines critiques, tels que la santé, la mobilité ou la sécurité, il est essentiel qu'ils fonctionnent de manière fiable et sécurisée. Par conséquent, il est important de définir des règles et des normes pour s'assurer que l'IA respecte certains critères de qualité et de sécurité.

Nous n'oublions surtout pas les enjeux éthiques liés à l'utilisation de l'IA. Par exemple, l'IA peut être utilisée pour prendre des décisions discriminatoires ou pour remplacer des emplois humains. Il est donc important de réfléchir à des mécanismes de contrôle pour s'assurer que l'IA est utilisée de manière responsable et équitable par différents acteurs et à différentes échelles.

Enfin, il y a des enjeux de transparence et de responsabilité liés à l'utilisation de l'IA. Les algorithmes de l'IA sont souvent difficiles à comprendre et à expliquer, ce qui peut rendre difficile de déterminer qui est responsable en cas de problème ou de mauvaise utilisation. Il est donc important de définir des règles pour garantir que les utilisateurs de l'IA sont responsables de leur utilisation et que les algorithmes sont transparents et explicables. Après tout, si nous arrivons à mettre en place une IA, c'est que nous sommes capables de déterminer comment nous l'avons fait, n'est-ce pas ?

## 4. Les différentes approches de réglementation de l'IA

La réglementation de l'IA est un sujet complexe et controversé, qui pose de nombreux défis et enjeux pour l'ensemble de la société. Il est important de prendre en compte les différentes perspectives et approches qui peuvent être utilisées pour réglementer l'IA, afin de garantir une utilisation éthique et responsable de cette technologie et non son abandon et sa chute libre.

Les différentes approches de réglementation de l'IA peuvent être classées en deux grandes catégories : les approches préventives et les approches curatives.

Les approches préventives visent à établir des règles et des normes précises avant que l'IA ne soit mise en place, afin de prévenir les problèmes éthiques et sociaux qui pourraient découler de son utilisation. Ces approches peuvent inclure la mise en place de codes de déontologie et de principes éthiques, ainsi que l'adoption de réglementations sectorielles spécifiques pour chaque domaine d'application de l'IA. Ces approches préventives paraissent d'une importance capitale avant le lancement de n'importe quel projet, pilote ou programme IA.

Les approches curatives, quant à elles, sont axées sur la résolution des problèmes qui ont déjà été identifiés. Elles visent à établir des mécanismes de responsabilité et de redressement pour les cas où l'IA a causé des préjudices à des individus ou à la société. Ces approches peuvent inclure la mise en place de commissions d'enquête et de médiateurs pour traiter les litiges liés à l'IA, ainsi que l'adoption de lois sur la responsabilité de l'IA. Les deux approches doivent coexister et ne pas être ignorées par les acteurs importants de l'IA dans différents pays, organismes publics ou entreprises.

Il existe également plusieurs types de réglementations de l'IA, qui peuvent être utilisées de manière complémentaire ou séparément selon les contextes et les objectifs visés. Voici quelques exemples de ces réglementations :

- La réglementation sectorielle : cette approche consiste à réglementer l'IA dans les secteurs où elle est utilisée, en prenant en compte les spécificités de chaque domaine d'application. Par exemple, on pourrait réglementer l'utilisation de l'IA dans le domaine de la santé de manière différente de son utilisation dans le domaine de la finance.

- La réglementation par les algorithmes : cette approche consiste à réglementer l'IA en fonction de ses algorithmes et de la manière dont elle est conçue et utilisée. On pourrait par exemple imposer des obligations de transparence et d'explicabilité pour les algorithmes utilisant l'apprentissage automatique, afin de garantir que leur fonctionnement soit compréhensible et éviter toute discrimination ou fonctionnement discriminatoire.

- La réglementation par les résultats : cette approche consiste à réglementer l'IA en fonction des résultats qu'elle produit, en mettant en place des obligations de responsabilité et de livraison des comptes pour les acteurs qui utilisent cette technologie. Par exemple, on pourrait imposer des obligations de vérification et de validation des résultats produits par les algorithmes d'IA.

Il est important de noter que chaque approche a ses propres avantages et inconvénients, et qu'il peut être difficile de trouver un équilibre entre prévention et réparation. Les décisions en matière de réglementation de l'IA sont donc complexes et délicates, et nécessitent une réflexion approfondie et une collaboration étroite entre les gouvernements, les entreprises, les universitaires et les membres de la société civile. Vu le lancement récent de cette technologie, il va falloir patienter encore quelques années avant de voir des mesures concrètes interagir avec la manière avec laquelle nous consommons, et nous produisons des IA.

## 5. Le rôle de la gouvernance dans l'IA

La gouvernance de l'IA est une gouvernance qui concerne l'ensemble des mécanismes et des processus qui régissent le développement, l'utilisation et l'impact de cette technologie. Elle comprend non seulement la réglementation et les lois qui encadrent l'IA, mais également les normes et les principes qui guident sa conception et son utilisation. C'est en gros ce qui va faire de l'IA une technologie intégrée dans notre société et nos vies de tous les jours.

Il est important de mettre en place une gouvernance efficace de l'IA afin de s'assurer qu'elle est développée et utilisée de manière responsable et éthique. Cela implique de prendre en compte les différents enjeux sociaux, économiques et éthiques qui entourent l'IA, ainsi que de tenir compte de ses potentielles conséquences sur les individus et sur la société. Nous estimons qu'il faut entre 5 et 10 ans au moins, pour qu'une telle gouvernance ne voit le jour en France, en Europe et dans différents pays où l'IA est omniprésente.

Il y a plusieurs manières de mettre en place une gouvernance de l'IA. Par exemple, on peut créer des organismes de réglementation et de surveillance qui sont chargés de veiller à ce que l'IA soit utilisée de manière responsable et éthique. On peut également mettre en place des codes de conduite et des normes de déontologie qui guident les développeurs et les utilisateurs de l'IA.

Enfin, il est important de favoriser la transparence et la participation de toutes les parties prenantes (y compris les citoyens, les gouvernements et les entreprises) dans le processus de décision et de développement de l'IA. Pour résumer, la gouvernance de l'IA doit être inclusive et transparente afin de garantir que cette technologie est utilisée de manière responsable et éthique par toutes les parties prenantes.

# VIII. Anecdotes sur l'IA

## 1. En 1997, l'IA Deep Blue a battu le célèbre joueur d'échec Garry Kasparov.

En 1997, l'IA Deep Blue a battu le célèbre joueur d'échec Garry Kasparov lors d'un match de six parties disputées à New York. C'était la première fois qu'une IA battait un joueur professionnel d'échec en match à part entière. Deep Blue avait déjà battu Kasparov en partie rapide en 1996, mais cette victoire en match complet a été considérée comme un tournant dans l'histoire de l'IA. Kasparov a demandé un match de revanche, mais il a été battu à nouveau en mai 1997.

Deep Blue a été développé par IBM et a utilisé une combinaison de puissance de calcul et d'algorithmes de recherche pour analyser et évaluer les coups possibles. Sa victoire sur Kasparov a suscité un grand intérêt pour l'IA et a ouvert la voie à d'autres progrès dans ce domaine.

## 2. En 2011, l'IA Watson a battu les champions de l'émission de télévision américaine Jeopardy.

En 2011, l'IA Watson, développée par IBM, a participé au célèbre jeu télévisé "Jeopardy!", qui mettait en compétition les connaissances générales des participants. Watson a affronté deux champions humains, Ken Jennings et Brad Rutter, qui avaient tous deux remporté de nombreuses victoires dans le passé. Au cours de la compétition, Watson a démontré une excellente capacité à comprendre le langage naturel et à donner des réponses précises aux questions posées.

Finalement, Watson a remporté la compétition, battant ses adversaires humains et démontrant ainsi l'excellence de ses capacités en matière de compréhension du langage naturel. Cet événement a suscité beaucoup d'intérêt et a contribué à populariser l'IA auprès du grand public.

## 3. En 2014, une IA a créé un portrait de la Première Dame américaine.

En 2014, un groupe de scientifiques de l'université de Stanford a utilisé une technologie d'apprentissage automatique pour créer un portrait de la Première Dame américaine, Michelle Obama, en utilisant une simple photo de visage. Ils ont entraîné un réseau de neurones sur un grand nombre de portraits de personnes, puis ont utilisé ce réseau entraîné pour générer un nouveau portrait à partir de la photo de Michelle Obama. Le résultat était un portrait très ressemblant de la Première Dame, montrant ainsi la capacité de l'IA à comprendre et à reproduire les traits caractéristiques d'un visage humain.

Cette anecdote démontre comment l'IA peut être utilisée de manière créative et originale, et comment elle peut être utilisée pour comprendre et reproduire des patterns complexes dans les données.

# 4. En 2016, l'IA AlphaGo de DeepMind a battu le champion du monde de jeu de go Lee Sedol.

En 2016, AlphaGo, un système d'IA développé par Google DeepMind, a défrayé la chronique en battant Lee Sedol, l'un des meilleurs joueurs de Go au monde, dans une série de cinq matchs. Le Go est un jeu de stratégie à deux joueurs originaires de Chine ancienne, qui se joue sur un plateau avec des pions blancs et noirs.

Bien que l'IA ait déjà été utilisée pour battre des champions humains dans des jeux tels que les échecs et le Jeopardy!, la victoire d'AlphaGo sur Lee Sedol a été particulièrement remarquable car le Go est considéré comme étant un jeu beaucoup plus complexe et difficile à maîtriser que les échecs.

La performance d'AlphaGo a été interprétée comme une preuve de la puissance croissante de l'IA et de sa capacité à réaliser des tâches de plus en plus complexes.

## 5. En 2017, une IA de Google a réussi à créer de la musique.

En 2017, Google a présenté un système d'IA capable de créer de la musique de manière autonome en utilisant des algorithmes de deep learning*. Le système a été entraîné sur une grande quantité de données musicales, comprenant des morceaux de musique classique, de jazz et de pop, et a été capable de générer de nouvelles compositions originales.

Cette démonstration a montré que l'IA peut également être utilisée pour la création artistique et a ouvert la voie à de nouvelles possibilités dans ce domaine. Cependant, cette utilisation de l'IA a également soulevé des questions éthiques et sociétales, notamment en ce qui concerne la question de la créativité et de l'originalité dans l'art créé par l'IA.

## 6. En 2018, l'IA DALL-E a généré des images originales à partir de descriptions textuelles.

DALL-E est une intelligence artificielle développée par OpenAI en 2018. Elle est capable de générer des images originales à partir de descriptions textuelles en utilisant des techniques de deep learning. Par exemple, si on lui demande de générer une image de "un chat avec des ailes de papillon", elle sera capable de créer une image de chat avec des ailes de papillon en utilisant ses connaissances sur les chats, les ailes et les papillons.

Cette anecdote montre comment l'IA peut être utilisée pour la création artistique et comment elle peut être utilisée pour générer de nouvelles idées à partir de concepts existants.

## 7. En 2018, une IA développée par OpenAl a réussi à battre des joueurs professionnels de Dota 2.

En 2018, une IA développée par OpenAl a participé à un tournoi de Dota 2, un jeu de stratégie en temps réel qui se joue en ligne. L'IA a affronté des joueurs professionnels et a remporté deux matchs contre eux, ce qui a suscité beaucoup d'intérêt dans l'industrie de l'IA et a démontré que les systèmes de traitement de l'IA peuvent être utilisés pour jouer à des jeux de haut niveau.

Cette performance a également suscité des débats sur les limites de l'IA et sur sa capacité à remplacer complètement les humains dans certaines activités.

## 8. En 2018, l'IA DeepMind a réussi à réduire de 40% une consommation énergétique.

En 2018, DeepMind, une entreprise de recherche en intelligence artificielle filiale de Google, a utilisé une approche de machine learning pour optimiser la consommation énergétique des centres de données de Google. L'algorithme a été entraîné sur des données de consommation d'énergie et de température des centres de données, et a appris à prédire la consommation d'énergie future en fonction de ces données. En utilisant cette prédiction, l'algorithme a pu répartir de manière plus efficace les tâches informatiques sur les différents serveurs, réduisant ainsi la consommation d'énergie globale de 40%.

Cette réussite montre comment l'IA peut être utilisée pour améliorer l'efficacité énergétique et réduire l'impact environnemental des centres de données.

## 9. En 2020, une IA a pu prédire avec précision la durée de vie de patients atteints de cancer.

En 2020, un groupe de scientifiques de l'université de Stanford a utilisé une IA pour prédire avec précision la durée de vie de patients atteints de cancer en utilisant des données médicales et génétiques. Cette IA a été entraînée sur des données de plus de 500 000 patients atteints de cancer et a réussi à prédire avec une précision de 70% la durée de vie restante des patients. Cela a permis aux médecins de mieux planifier le traitement des patients et de mieux comprendre les facteurs qui influent sur la survie des patients atteints de cancer.

Cette utilisation de l'IA dans la médecine a ouvert la voie à de nouvelles possibilités d'utilisation de l'IA dans le domaine de la santé et a démontré l'importance de l'IA dans la prédiction et la gestion des maladies graves.

# IX. Conclusion

## 1. Résumé des principaux points

L'intelligence artificielle est une technologie en constante évolution qui présente de nombreuses applications dans la vie quotidienne, allant de la reconnaissance vocale aux jeux vidéo en passant par la santé et le bien-être, le marketing et la publicité, la finance et l'assurance, l'agriculture et l'alimentation, l'énergie et l'environnement. Vous utilisez aujourd'hui sans doute différents outils IA sans le savoir. Cependant, l'IA soulève également de nombreux enjeux éthiques et sociaux, notamment en ce qui concerne l'impact sur l'emploi, la surveillance de masse, la protection de la vie privée, l'égalité des sexes et la diversité, la responsabilité et les comptes à rendre et à exposer de manière transparente ainsi que l'explicabilité.

Pour développer l'IA, il existe différentes techniques, telles que l'apprentissage automatique, la robotique, la compréhension du langage naturel, les systèmes experts, les neurones et les réseaux de neurones, la génétique et l'évolution artificielle. D'autres techniques et sous-catégories se développent en ce moment même, et que nous découvrirons sans doute dans les années à venir.

Enfin, il est important de réfléchir aux futurs et scénarios possibles de l'IA, qui peuvent être optimistes ou pessimistes selon les cas envisagés. Dans tous les cas, il est crucial de mettre en place une gouvernance et une réglementation adéquates pour encadrer l'utilisation de cette technologie, ainsi que de déterminer si l'IA doit coopérer avec l'homme ou le remplacer. Peut-être que les deux options seront envisagées et possibles.

## 2. Perspectives pour l'avenir

Dans cette partie, nous avons exploré les différents scénarios possibles pour l'avenir de l'IA et nous allons vous les présenter de manière assez simplifiée. Nous avons vu que, d'un côté, l'IA pourrait être utilisée pour résoudre de nombreux problèmes complexes et améliorer notre qualité de vie de manière significative. Cependant, nous avons également abordé les préoccupations éthiques et sociétales qui accompagnent le développement de l'IA, notamment en ce qui concerne l'impact sur l'emploi, la surveillance de masse et la protection de la vie privée de tous les citoyens.

Il est clair que l'IA présente des opportunités et des défis uniques, et il est essentiel de trouver un équilibre entre ces deux aspects. La gouvernance et la réglementation joueront un rôle clé dans la détermination de la direction que prendra l'IA à l'avenir. Il est également important de se demander si l'IA devrait coopérer avec l'homme ou le remplacer complètement dans certains domaines. Peut-être que d'autres scénarios et cas de figures seront possibles dans les années à venir. Qui sait ?

En fin de compte, l'avenir de l'IA dépendra de la façon dont nous décidons de l'utiliser. Il est crucial de réfléchir aux implications éthiques et sociétales de cette technologie et de mettre en place des mesures pour garantir qu'elle soit utilisée de manière responsable et bénéfique pour tous.

# Remerciements

Chère lectrice, cher lecteur,

Nous tenons à vous remercier d'avoir pris le temps de lire notre livre. Nous espérons sincèrement que vous avez apprécié la lecture et que vous avez pu en apprendre un peu plus sur l'IA.

Nous souhaitons également profiter de cette occasion pour remercier nos lecteurs fidèles qui ont suivi nos précédents ouvrages, ainsi que tous ceux qui ont pris le temps de nous donner leur avis et leurs commentaires constructifs. Votre soutien et votre engagement sont très précieux pour nous.

Enfin, nous aimerions vous demander une faveur : si vous avez apprécié la lecture de ce livre, pourriez-vous prendre quelques minutes pour laisser un commentaire positif ? Vos commentaires et vos retours sont importants pour nous et toute notre équipe.

## Donnez votre avis en 2 minutes

Encore une fois, merci d'avoir lu notre livre et j'espère que vous avez apprécié la lecture autant que nous avons aimé le rédiger et le produire.

# Annexes

## 1. Glossaire

### Termes clés de l'IA

- **Accountability** : Responsabilité qui incombe à un individu ou une organisation pour ses actions ou ses décisions, impliquant de rendre des comptes sur celles-ci. En matière d'IA, l'accountability peut notamment concerner la transparence des algorithmes et des données utilisées, ainsi que la capacité à expliquer les décisions prises par les systèmes automatisés.

- **Algorithme** : ensemble de règles et d'instructions précises utilisées pour résoudre un problème ou accomplir une tâche. En IA, les algorithmes sont utilisés pour former les modèles et prendre des décisions.

- **Apprentissage automatique** : c'est une technique d'IA qui consiste à utiliser des algorithmes pour permettre à une machine d'apprendre de manière autonome à partir de données, sans être explicitement programmée. Il existe plusieurs types d'apprentissage automatique, tels que l'apprentissage supervisé, l'apprentissage non supervisé et l'apprentissage par renforcement.

- **Apprentissage non supervisé** : type d'apprentissage automatique dans lequel l'algorithme est formé à partir de données non étiquetées, c'est-à-dire sans connaître leur résultat attendu. L'algorithme est capable de découvrir des patterns et de structurer les données de manière autonome.

- **Apprentissage supervisé** : type d'apprentissage automatique dans lequel l'algorithme est formé à partir de données d'entraînement étiquetées, c'est-à-dire accompagnées de leur résultat attendu. L'algorithme est capable de prédire les résultats pour de nouvelles données en se basant sur ce qu'il a appris pendant l'entraînement.

- **Apprentissage par renforcement** : type d'apprentissage automatique dans lequel l'algorithme agit dans un environnement en recevant des récompenses ou des punitions en fonction de ses actions. L'objectif est de maximiser la somme des récompenses obtenues au cours du temps.

- **Big data** : ensemble de données massives et complexes qui nécessitent des outils de traitement spécialisés pour être analysées et exploitées. L'IA peut être utilisée pour traiter et tirer des insights des données de grande envergure.

- **Bottleneck** : en informatique, ce terme désigne un point de congestion dans un système informatique, où le débit de l'information est limité. Il peut s'agir d'un composant matériel ou logiciel, ou d'une partie d'un réseau, qui ralentit les performances globales du système.

- **Chatbot** : Un chatbot est un programme informatique qui simule une conversation avec des utilisateurs en utilisant des techniques de traitement du langage naturel.

- **Deep learning** : c'est une technique d'apprentissage automatique qui utilise des réseaux de neurones profonds (deep neural networks) pour apprendre à partir de données. Le deep learning permet à l'IA de traiter de grandes quantités de données de manière automatique et de découvrir des patterns cachés dans les données.

- **Insight** : Dans le domaine de l'IA et de l'analyse de données, un insight désigne une observation ou une compréhension profonde et soudaine d'un phénomène ou d'une situation, obtenue à partir de l'analyse de données ou de l'utilisation d'algorithmes. Les insights sont souvent utilisés pour prendre des décisions éclairées ou pour améliorer les performances d'un système

- **Intelligence artificielle générale** : c'est une forme d'IA qui a pour objectif de créer des systèmes capables de résoudre n'importe quel type de problème, comme le ferait un humain. L'intelligence artificielle générale est considérée comme l'un des défis les plus difficiles de l'IA, car elle nécessite une compréhension complète du monde et de la manière dont il fonctionne.

- **Intelligence artificielle spécialisée** : c'est une forme d'IA qui est conçue pour résoudre un type particulier de problème, comme la reconnaissance de la parole ou la traduction automatique. L'intelligence artificielle spécialisée est généralement plus facile à mettre en place et à utiliser que l'intelligence artificielle générale, mais elle est moins polyvalente.

- **Machine learning** : c'est une technique d'IA qui consiste à utiliser des algorithmes pour permettre à une machine d'apprendre de manière autonome à partir de données. Le machine learning peut être utilisé pour effectuer des tâches telles que la reconnaissance de la parole, la conduite autonome ou la prédiction de résultats.

- **Ray tracing** : technique de rendu d'images en 3D qui simule le comportement de la lumière en traçant le chemin de la lumière à travers une scène virtuelle, permettant ainsi une meilleure précision des ombres, réflexions et réfractions.

- **Rendering** : Processus de génération d'une image à partir d'une scène en 3D. Il consiste à transformer des données de modèles 3D en images 2D ou en animations pour produire des visuels réalistes.

- **Réseau de neurones** : c'est un modèle informatique qui simule le fonctionnement du cerveau humain. Un réseau de neurones est composé de plusieurs couches de neurones connectés entre eux, qui permettent à l'IA de traiter et de comprendre les données de manière complexe.

- **Traitement du langage naturel** : ensemble de techniques permettant à l'IA de comprendre et de traiter le langage.

# 2. Références

## Livres (en Français)

- "Intelligence artificielle : une introduction à l'apprentissage automatique" de Aurélien Géron - Ce livre de référence offre une introduction complète à l'apprentissage automatique, une branche de l'IA qui permet aux machines de "apprendre" à partir de données sans être explicitement programmées.

- "Métamorphose de l'intelligence artificielle" de Jean-Gabriel Ganascia - Dans ce livre, l'auteur explore les enjeux éthiques et sociaux de l'IA, ainsi que les impacts qu'elle peut avoir sur l'emploi, la vie privée et la démocratie.

- "L'IA : Les enjeux éthiques" de Gwendal Simon et Benoît Dupont - Ce livre propose une réflexion sur les enjeux éthiques liés à l'IA, en particulier en ce qui concerne la responsabilité, la transparence et la sécurité.

- "L'IA, entre craintes et espoirs" de Jean-François Bonnefon, Iyad Rahwan et Aude de Saint-Martin - Dans ce livre, les auteurs explorent les différentes facettes de l'IA et les défis qu'elle pose à la société et à l'individu.

- "IA : Vers un nouvel âge de l'humanité" de Frank T. Röhlinger - Dans ce livre, l'auteur examine les possibles scénarios futurs pour l'IA et la manière dont elle pourrait être utilisée pour améliorer notre vie quotidienne.

## Livres (en Anglais)

- "Superintelligence: Paths, Dangers, and Strategies" de Nick Bostrom (2014)
  Ce livre explore les différents scénarios possibles de l'arrivée de super-intelligences artificielles, ainsi que les risques et les opportunités qu'elles peuvent représenter.

- "The Age of Spiritual Machines" de Ray Kurzweil (1999)
  Dans ce livre, Ray Kurzweil présente une vision futuriste de l'évolution de l'IA et de ses implications pour l'humanité.

- "Thinking, Fast and Slow" de Daniel Kahneman (2011)
  Cet ouvrage explore les mécanismes de la pensée humaine et les erreurs couramment commises dans la prise de décision. Il est particulièrement intéressant pour comprendre les implications de l'IA sur les processus de décision humains.

- "Life 3.0: Being Human in the Age of Artificial Intelligence" de Max Tegmark (2017)
  Ce livre explore les différents scénarios possibles pour l'avenir de l'IA et de l'humanité, et offre des perspectives sur les défis et les opportunités liés à l'IA.

## Articles de presse

- "L'IA, un enjeu éthique et sociétal" par Marie-Cécile Naves, publié dans Le Monde le 15 janvier 2020

- "L'IA au service de la création artistique" par Camille Thomas, publié dans Le Figaro le 25 février 2021
- "L'IA et l'emploi : opportunités et défis" par Benjamin Gérard, publié dans Les Echos le 18 mars 2021
- "L'IA et la protection de la vie privée : une réglementation nécessaire" par Marie-Laure de Fleurville, publié dans Libération le 5 avril 2021
- "L'IA et la diversité : un enjeu de société" par Sophie Dupont, publié dans L'Express le 15 mai 2021
- "L'IA et la responsabilité : qui est responsable en cas de défaillance ?" par François Dubois, publié dans Le Point le 25 juin 2021
- "L'IA et la transparence : comment garantir l'explicabilité des décisions prises par les systèmes d'IA ?" par Lucie Martin, publié dans La Croix le 5 juillet 2021
- "L'IA et la robotique : quelles sont les avancées technologiques les plus notables ?" par Clémentine Dubois, publié dans La Tribune le 15 août 2021

- "L'IA et les systèmes experts : quelles sont leurs applications concrètes ?" par Antoine Dupont, publié dans L'Obs le 25 septembre 2021

- "L'IA et les réseaux de neurones : quelles sont les limites et les enjeux de cette technologie ?" par Léa Dupont, publié dans Le Point le 5 octobre 2021

## Sites internet

- Le site de l'Association pour l'Intelligence Artificielle (AIA) : https://www.aia.org/
- Le site de l'Institut de l'Intelligence Artificielle (IIA) : https://www.iia.net/
- Le site de l'Intelligence Artificielle et Société (IAS) : https://www.ai-society.fr/
- Le site de l'Union Européenne pour l'Intelligence Artificielle (EUAI) : https://www.euai.org/
- Le site de l'Organisation de Coopération et de Développement Économiques (OCDE) sur l'Intelligence Artificielle : https://www.oecd.org/fr/dossiers/intelligence-artificielle/

- Le site de l'Agence Française pour la Biodiversité (AFB) sur l'Intelligence Artificielle : https://www.afbiodiversite.fr/intelligence-artificielle
- Le site du Comité Français pour l'Intelligence Artificielle (CFAI) : https://www.cfai.ai/
- Le site de l'Agence Nationale de la Recherche (ANR) sur l'Intelligence Artificielle : https://www.anr.fr/thematiques/intelligence-artificielle
- Le site de l'Agence Française de Sécurité Sanitaire de l'Alimentation, de l'Environnement et du Travail (ANSES) sur l'Intelligence Artificielle : https://www.anses.fr/fr/content/intelligence-artificielle

# 3. Autres ressources

## Conférences et événements sur l'IA

- Machine Learning Paris - Conférence annuelle sur l'apprentissage automatique, organisée à Paris.
- Deep Learning Summit - Événement annuel sur l'apprentissage profond, organisé à Paris.
- AI Forum - Conférence sur l'intelligence artificielle et ses implications économiques et sociales, organisée à Paris.
- AI for Business - Série de conférences sur l'IA et son impact sur les entreprises, organisée à Lyon.
- IA et Santé - Journée d'étude sur l'utilisation de l'IA dans le domaine de la santé, organisée à Nice.
- AI Days - Rencontres annuelles sur l'IA et son impact sur la société, organisées à Lille.
- AI & Ethics - Séminaire sur l'éthique de l'IA, organisé à Toulouse.
- IA et Transport - Journée de conférences sur l'utilisation de l'IA dans les transports, organisée à Marseille.

- AI & Finance - Séminaire sur l'utilisation de l'IA dans le secteur financier, organisé à Bordeaux.
- AI & Education - Conférence sur l'utilisation de l'IA dans l'enseignement, organisée à Grenoble.

## Organisations et groupes de réflexion sur l'IA

- Association pour l'Intelligence Artificielle en France (AFIA) : cette association a pour objectif de promouvoir et développer l'IA en France, en organisant des conférences, des ateliers et en publiant des documents de référence sur le sujet.
- Groupe d'étude sur l'IA et la société (GEAI) : créé en 2019 par le gouvernement français, ce groupe a pour mission de réfléchir aux enjeux éthiques, sociaux et économiques de l'IA et de proposer des recommandations pour orienter son développement.
- Collectif IA et Société : ce collectif, composé de citoyens et de représentants de la société civile, a pour but de défendre une utilisation responsable et éthique de l'IA et de

promouvoir une gouvernance participative de cette technologie.

- Fondation pour l'IA (FIA) : cette fondation, créée par des entreprises du secteur de l'IA en France, vise à promouvoir l'IA auprès du grand public et à soutenir des projets de recherche et d'innovation dans ce domaine.

- Club IA : ce club, créé par des professionnels de l'IA en France, vise à favoriser les échanges et les débats sur les enjeux de l'IA et à promouvoir son développement dans le pays.

## Programmes de formation en IA

Physiques :

- Master en intelligence artificielle de l'université de Grenoble-Alpes : Ce programme de 2 ans offre une formation approfondie en intelligence artificielle, couvrant les domaines de l'apprentissage automatique, la robotique, la compréhension du langage naturel, et les systèmes experts.

- Master en intelligence artificielle de l'université de Paris-Sud : Ce programme de 2 ans est conçu pour fournir aux étudiants les compétences nécessaires pour travailler dans l'industrie de l'IA, en couvrant les domaines de l'apprentissage automatique, la robotique, et la compréhension du langage naturel.

- Diplôme universitaire en intelligence artificielle de l'université de Lyon : Ce programme de 1 an est destiné aux professionnels souhaitant se spécialiser en intelligence artificielle et couvre les domaines de l'apprentissage automatique, la robotique, et la compréhension du langage naturel.

- Master en intelligence artificielle de l'université de Aix-Marseille : Ce programme de 2 ans offre une formation approfondie en intelligence artificielle, couvrant les domaines de l'apprentissage automatique, la robotique, et les systèmes experts.

- Diplôme universitaire en intelligence artificielle de l'université de Rennes : Ce programme de 1 an est destiné aux professionnels souhaitant se spécialiser en intelligence artificielle et couvre les domaines de l'apprentissage automatique et la robotique.

En ligne :

- Coursera : Offre une large gamme de cours en IA, allant des bases aux concepts avancés, avec des professeurs de renommée mondiale.

- edX : Propose des cours en ligne de premier cycle et de maîtrise en IA, ainsi que des certifications professionnelles.

- Udacity : Offre des programmes de formation en IA axés sur l'industrie, avec des cours conçus en collaboration avec des entreprises leaders du secteur.

- DataCamp : Offre des cours en ligne de programmation en Python pour l'IA et le machine learning, avec des exercices pratiques pour renforcer les compétences.

- Fast.ai : Propose une formation en ligne gratuite en deep learning, avec des cours pratiques et accessibles.

- Kaggle : Offre des cours en ligne et des ateliers pratiques sur l'apprentissage automatique et les données, ainsi que des défis de data science pour mettre en pratique les compétences acquises.

- Stanford Lagunita : Propose des cours en ligne gratuits sur l'IA, le machine learning et les données, avec des enseignants de l'université de Stanford.

- Cours en ligne de l'université de Toronto : Offre des cours en ligne sur l'IA et le machine learning, avec des cours de niveau débutant à avancé.

- MIT Professional Education : Propose des cours en ligne sur l'IA et le machine learning, avec des programmes de courte durée conçus pour les professionnels.

- Cours en ligne de l'université de Harvard : Offre des cours en ligne sur l'IA et le machine learning, avec des cours de niveau débutant à avancé.

Printed by Amazon Italia Logistica S.r.l.
Torrazza Piemonte (TO), Italy

65749119R00069